생생화보로 배우는

생생화보로 배우는

조류사전

초판 인쇄 2025년 11월 07일
초판 발행 2025년 11월 11일

지은이 콘텐츠랩
펴낸이 진수진
펴낸곳 굿키즈북스

주소 경기도 고양시 일산서구 일산동 1093
출판등록 2013년 5월 30일 제2013-000078호
전화 031-911-3416
팩스 031-911-3417

생생화보로 배우는 조류사전

차례

꿩

분 포 지
동아시아를 비롯한 전 세계
크 기
몸길이 55~90센티미터, 몸무게 500~900그램
먹 이
곡물, 열매, 풀씨, 지렁이, 거미, 지네, 곤충 등

대한민국에 서식하는 대표적인 텃새입니다. 꿩과에 속하는 조류는 모두 190여 종이나 되는데, 우리나라 꿩과 닮은 품종은 동아시아를 중심으로 분포합니다. 이 지역의 개체들도 조금씩 차이를 보여 약 50종 정도로 구분할 수 있지요.

우리나라에서는 예로부터 꿩을 성별에 따라 다른 이름으로 불렀습니다. 수컷은 '장끼', 암컷은 '까투리'라고 일컬었지요. 또한 꿩의 새끼에는 '꺼병이'라는 명칭을 붙였습니다. 꿩의 겉모습은 얼핏 닭과 비슷합니다. 수컷이 암컷에 비해 화려한 외모를 가진 것도 같고요. 하지만 꿩은 닭보다 꼬리 깃털이 기다랗습니다. 그와 달리 벼슬은 닭만큼 도드라지지 않지요. 꿩의 몸길이는 꼬리 깃털을 포함해 55~90센티미터 정도 됩니다. 몸무게는 500~900그램이고요. 야생의 꿩은 곡물, 열매, 풀씨 등을 비롯해 지렁이, 거미, 지네, 곤충 등을 주요 먹이로 삼습니다.

꿩은 흔히 숲과 구릉, 농가의 논밭 근처에서 눈에 띕니다. 여느 새들과 달리 먼 거리를 날아다니지는 않지요. 암컷은 5~6월에 10개 안팎의 알을 낳으며, 약 21일 만에 부화합니다.

은계

분포지
중국 남서부와 미얀마 등 전 세계

크 기
몸길이 70~170센티미터, 몸무게 0.8~2.4그램

먹 이
곡물, 채소, 벌레 등

중국 남서부와 미얀마가 원산지입니다. 오늘날에는 관상용 새로 인기를 끌어 전 세계에 분포하지요. 금계처럼 화려한 모습을 지녀 사람들의 눈길을 사로잡습니다. '무지개꿩'이라는 별명으로 불리기도 하지요.

은계는 몸길이가 70~170센티미터 정도 됩니다. 그 중 수컷은 꼬리 깃털이 70~80센티미터에 이를 만큼 길지요. 몸무게는 0.8~2.4킬로그램이고요. 수컷의 경우 머리 위에 위치한 댕기 모양의 빨간색 깃이 매우 개성 있는 모습입니다. 머리에서 목, 등 쪽으로는 은백색 바탕에 청색의 동그란 테두리 무늬가 있어 아름다움을 더하지요. 그 아래쪽 등과 가슴에는 밝고 윤기 나는 청색 깃털이 가득하고요. 그 밖에 등 아래 부분에는 노란 깃털이, 배에는 흰 깃털이 나 있어 은계만의 매력을 한껏 뽐내고 있습니다. 아울러 꼬리 깃털에는 은백색 바탕에 청색의 가로무늬가 있어 우아한 분위기까지 자아내지요.

원래 야생 은계는 해발 1천 미터가 넘는 산림에 살았습니다. 하지만 관상용으로 개량된 후에는 날아다니는 본능을 거의 잃어버렸지요. 주요 먹이는 곡물과 채소 등입니다.

03 콘도르

분 포 지
북아메리카 및 남아메리카
크 기
몸길이 1.3~1.7미터, 몸무게 10~14킬로그램
먹 이
작은 동물 및 양, 염소, 짐승의 사체 등

맹금류의 하나인 큰 독수리입니다. 북아메리카와 남아메리카에 분포하지요. 몸길이 1.3~1.7미터, 몸무게 10~14킬로그램입니다. 날개를 활짝 펴면 그 너비가 2.4~3미터에 달하지요. 그래서 콘도르는 나는 모습이 무척 우아하고 강인해 보입니다. 날개를 자주 퍼덕이지 않고도 먼 거리를 활공하는 능력이 뛰어나지요.

콘도르의 몸은 대부분 검은색 깃털로 덮여 있는데, 날개 부분만 하얀색을 내보입니다. 주로 남아메리카에 서식하는 콘도르를 중심으로 목둘레의 깃털도 하얀색이고요. 머리는 피부가 드러나 붉은빛이나 분홍빛을 띠지요. 또한 이 맹금류는 매우 날카로운 발톱과 부리를 가져 사냥감을 포획해 순식간에 숨통을 끊습니다.

콘도르의 주요 먹이는 작은 포유동물입니다. 무리지어 생활하며 양이나 염소 같은 가축을 잡아먹기도 하지요. 아울러 콘도르는 동물의 사체도 잘 먹습니다. 다른 맹수가 먹다 남긴 것이나 썩은 고기도 거침없이 먹어치우지요. 콘도르는 번식기가 되면, 주로 바위산의 절벽에 둥지를 틀고 알을 낳습니다. 한 번에 2개를 낳는데, 55~60일 만에 부화하지요.

04

말똥가리

분 포 지
우리나라를 비롯한 아시아와 유럽
크 기
몸길이 50~57센티미터, 몸무게 0.8~1.4킬로그램
먹 이
쥐, 두더지, 개구리, 뱀, 작은 조류 등

수리과에 속하는 매의 일종입니다. 아시아와 유럽 대륙에 폭넓게 분포하며, 우리나라에는 겨울에 찾아오는 철새지요. 말똥가리의 몸길이는 50~57센티미터, 몸무게는 0.8~1.4킬로그램 정도입니다. 털 색깔은 전체적으로 갈색이며, 가슴을 중심으로 흰 털이 섞여 있습니다. 아울러 부리는 검고, 다리는 노란빛을 띠지요. 하늘을 날 때 날개가 V자 모양을 이루는 것도 또 하나의 특징입니다.

말똥가리는 흔히 산림 지대의 높은 나무에 둥지를 짓습니다. 그리고 인근 초원이나 논밭의 상공을 날아다니다가 먹잇감을 발견하면 쏜살같이 달려들어 낚아채지요. 쥐, 두더지, 개구리, 뱀, 작은 조류 등을 주요 먹이로 삼습니다. 옛날부터 농가에서는 쥐 등을 잡아먹기 때문에 인간에게 도움을 주는 새로 여겨왔지요.

말똥가리는 대부분 무리를 짓지 않고 단독 생활을 합니다. 번식기가 되면 5~6월에 2~3개의 알을 낳지요. 새끼는 약 28일 만에 부화해 40일 남짓 어미의 보살핌을 받습니다.

05

홍금강앵무

분포지

남아메리카와 중앙아메리카의 열대우림

크 기

몸길이 0.9~1.1미터, 몸무게 1킬로그램 안팎

먹 이

견과류, 과일, 씨앗, 나뭇잎, 나무줄기 등

금강앵무 종류는 꼬리가 길고 화려한 특징을 가졌습니다. 주로 남아메리카와 중앙아메리카의 열대우림에 분포하지요. 아마존 밀림 등이 주요 서식지입니다. 홍금강앵무는 이름에서 알 수 있듯 머리를 중심으로 붉은색 깃털이 아름다움을 더합니다. 그 밖에 날개와 꼬리에는 파란색, 초록색, 노란색 깃털이 섞여 있지요. 아울러 얼굴의 피부를 비롯해 윗부리는 흰빛을 띠며, 검은 눈동자를 갖고 있습니다.

홍금강앵무는 금강앵무 종류 가운데 몸집이 큰 편에 속합니다. 몸길이 0.9~1.1미터에 몸무게는 1킬로그램 안팎이지요. 첫 번째와 네 번째 발가락이 뒤쪽을 향해 있어 나뭇가지를 움켜잡기 적합한 구조입니다. 또한 부리가 크고 튼튼해, 그것으로 나뭇가지를 물어 몸을 이동시키기도 하지요. 먹이로는 견과류, 과일, 씨앗, 나뭇잎, 나무줄기 등을 즐겨 먹습니다. 야생의 홍금강앵무는 자기가 좋아하는 먹잇감을 찾아 100킬로미터가 넘는 먼 거리를 날아다니기도 하지요. 번식기의 홍금강앵무는 한 배에 2~3개의 알을 낳습니다. 새끼는 약 28일 만에 부화합니다.

청금강앵무

분 포 지
브라질, 파나마, 볼리비아, 파라과이 등
크 기
몸길이 0.8~1.1미터, 몸무게 900그램~1킬로그램
먹 이
견과류, 과일, 씨앗 등

청금강앵무는 금강앵무 종류 중 하나입니다. 홍금강앵무와 함께 몸집이 큰 편에 속하지요. 성질은 온순한 편이며, 사람의 말을 조금 흉내 내기도 합니다. 겉모습이 아주 아름다워 애완 조류로 인기가 높은데, 좁은 장소에서 키우는 것은 스트레스를 받아 바람직하지 않지요. 이 새는 스트레스를 받을 때 자기 몸의 깃털을 마구 뽑는 습성이 있습니다.

청금강앵무는 이름 그대로 온몸에 파란 깃털이 우세합니다. 그와 더불어 앞머리에 초록색 깃털, 가슴과 배 쪽으로 노란색 깃털이 나 있지요. 얼굴 부분은 흰색이고, 홍금강앵무와 달리 위아래 부리가 모두 검은빛을 띱니다. 다리 색깔은 짙은 회색에 가깝고요. 기다란 꼬리 깃털에는 파란색과 노란색이 섞여 있습니다.

그 밖에 청금강앵무의 특징은 홍금강앵무와 비슷합니다. 몸길이 0.8~1.1미터에 몸무게는 900그램~1킬로그램 정도 되지요. 주요 먹이도 견과류, 과일, 씨앗 등입니다. 남아메리카에 많이 분포하므로 브라질, 파나마, 볼리비아, 파라과이 등에서 볼 수 있지요.

07 왕관앵무

분 포 지
오스트레일리아 등
크 기
몸길이 30센티미터 안팎, 몸무게 100~120그램
먹 이
견과류, 과일, 씨앗 등

오스트레일리아가 원산지인 앵무새입니다. 머리 위에 장식깃이 길게 나 있어 왕관앵무라는 이름을 얻게 됐지요. 이 새는 앵무새 종류 가운데 중소형의 몸집을 가졌습니다. 몸길이 30센티미터 안팎에 몸무게는 100~120그램 정도지요. 머리의 장식 깃을 '우관'이라고 하는데, 왕관앵무는 이것을 이용해 감정을 표현하기도 합니다. 겉모습에서 드러나는 또 다른 특징은 귓가 에 빨간 점이 있다는 것이지요.

왕관앵무는 털 색깔에 따라 '노멀'과 '루티노'로 구분합니다. 노멀은 몸통에 회색 털이 우세한데, 야생의 왕관앵무가 대부 분 이런 모습이지요. 그와 달리 루티노는 몸통의 털 색깔이 흰색으로, 애완 조류로 사육되며 개량된 것입니다. 그래서 오늘 날 사육되는 왕관앵무는 야생에서처럼 회색 털이거나 흰색, 옅은 노란색, 얼룩점이 있는 것 등 종류가 다양하지요. 수컷은 털갈이 이후 머리 부분이 노란색으로 변합니다.

왕관앵무는 성질이 순해 사람이 길들이기 쉽습니다. 그런 까닭에 애완 조류로 사랑받지요. 번식기가 되면 5~7개의 알을 낳으며, 약 18일 만에 부화합니다.

알렉산더앵무

분포지
인도, 아프가니스탄, 스리랑카, 태국, 미얀마 등

크 기
몸길이 50~60센티미터, 몸무게 200~300그램

먹 이
열매, 씨앗, 곤충, 벌레 등

'대본청앵무'라고도 합니다. 인도와 아프가니스탄, 스리랑카, 태국, 미얀마 등에 분포하지요. 주로 1천500미터 정도 되는 울창한 산림 지대에 서식합니다.

알렉산더앵무는 몸길이 50~60센티미터, 몸무게 200~300그램 정도 됩니다. 꼬리 길이가 몸의 절반을 차지할 만큼 기다랗지요. 온몸에 초록색 털이 덮여 있으며, 수컷의 턱에는 검은색 띠가 수염처럼 나 있습니다. 목덜미에는 분홍색 줄무늬가 보이고요. 따라서 이 앵무새는 금강앵무 등에 비해 암수를 구분하기 쉽습니다. 또한 부리는 붉은색을 띠며, 배 부분에는 살짝 노란빛이 감돌지요.

알렉산더앵무는 암수가 어울려 다정히 하늘을 날아다닐 때가 많습니다. 번식기에 2~4개의 알을 낳아, 24~28일 만에 부화하지요. 주요 먹이는 여느 앵무새들처럼 식물의 열매와 씨앗 등입니다. 가끔 곤충이나 벌레를 잡아먹기도 하고요. 사람 손에서 어릴 때부터 자라나면 제법 친밀감을 보이는 까닭에 애완 조류로 인기가 높습니다. 알렉산더앵무의 평균 수명은 25~35년이라고 합니다.

09 뉴기니앵무

분 포 지
오스트레일리아 북쪽 태평양과 인도네시아의 여러 섬 등

크 기
몸길이 33센티미터 안팎, 몸무게 90~120그램

먹 이
과일, 씨앗, 견과류 등

　오스트레일리아 북쪽 태평양과 인도네시아의 여러 섬 등에 사는 앵무새입니다. 지금은 애완 조류로 워낙 인기가 좋아 전 세계에 분포하지요. 몸길이 33센티미터 안팎, 몸무게 90~120그램 정도 되는 중소형 앵무새입니다.

　무엇보다 뉴기니앵무는 겉모습이 화려한 매력이 있습니다. 그것도 암수가 완전히 달라 서로 대조적이지요. 수컷의 경우 온몸에 초록색 털이 우세한 반면, 암컷은 몸의 상당 부분이 붉은 털로 덮여 있습니다. 수컷은 오렌지색 윗부리와 검은색 아랫부리, 날개 일부에 청색과 붉은색 깃털이 섞인 것을 빼고는 전부 초록색을 띠지요. 그에 비해 암컷은 검은색 부리와 가슴의 청색 깃털을 제외하고는 대부분 붉은색 계열입니다. 머리 쪽 붉은 털은 밝고, 날개와 몸통의 붉은 털은 조금 어둡다는 차이가 있을 뿐이지요.

　아울러 뉴기니앵무는 사람의 말을 잘 흉내 내는 새로 알려져 있습니다. 성질이 온순한 편이며, 수명도 길어 40년쯤 살지요. 암컷은 번식기에 2~3개의 알을 낳고, 약 28일 만에 부화합니다. 먹이로는 씨앗과 견과류, 과일 등을 즐겨 먹습니다.

10 썬코뉴어앵무

분포지

남아메리카 등

크 기

몸길이 20~30센티미터 안팎, 몸무게 90~120그램

먹 이

과일, 씨앗, 견과류, 채소 등

남아메리카에 분포하는 앵무새입니다. 황금빛 태양을 닮았다고 해서 썬코뉴어앵무라는 이름이 붙었지요. 우리말로 '태양앵무'라고도 합니다.

썬코뉴어앵무는 겉모습만으로 암수 구별이 어렵습니다. 암수 모두 머리와 몸통이 밝은 오렌지색으로 빛나니까요. 머리 부분은 주황색, 몸통 부분은 노란색에 가깝습니다. 그리고 날개와 꼬리에는 청색과 초록색 깃털이 섞여 있어 아름다움을 더합니다. 눈과 부리는 검고, 다리는 연한 살구색을 띠지요.

썬코뉴어앵무는 몸길이 20~30센티미터, 몸무게 90~120그램 정도입니다. 평균 수명은 25~30년이며, 1년에 2~4회 번식하지요. 한 번에 2~6개의 알을 낳고, 약 25일 만에 부화합니다. 주요 먹이는 각종 곡물과 과일, 견과류, 채소 등이지요. 애완용으로 키우는 경우에는 굴껍데기나 계란껍데기, 건새우 등을 주어 건강을 돌본다고 합니다.

야생의 썬코어뉴앵무는 활동성이 강한 새로 알려져 있습니다. 애완 조류로 키울 때도 시끄러운 소리를 많이 내지요. 하지만 아름답고 언어 능력이 좋아 사람들의 사랑을 받습니다.

호금조

분포지
오스트레일리아 북부와 서부 등

크 기
몸길이 13~15센티미터 안팎, 몸무게 40~60그램

먹 이
조, 피, 수수, 채소 등

　오스트레일리아 북부와 서부가 원산지입니다. 참새목에 속하는 자그마한 새로, 지금은 전 세계에서 사랑받는 애완 조류입니다. 몸길이 13~15센티미터에 몸무게도 40~60그램에 불과하지요.

　호금조는 수컷의 경우 온몸이 다양한 색깔로 배합을 이루어 사람들의 눈길을 사로잡습니다. 붉은색, 청색, 초록색, 노란색, 자주색 등이 조화를 이루지요. 머리는 빨강, 등은 초록, 가슴은 보라, 배는 노랑의 조합이 많지만 개체나 품종에 따라 조금씩 차이를 보입니다. 이를테면 머리가 붉은 적호금조와 달리 흑호금조는 머리 부분이 검은색이지요. 머리가 노란색인 황금호금조도 있습니다. 또한 암컷은 수컷에 비해 화려함이 훨씬 덜하지요.

　호금조는 겉모습이 아름답고 크기가 작아 새장에 넣어 키우기 좋습니다. 여러 마리를 함께 키워도 다툼이 없지요. 다만 10도 이상으로 온도를 유지하는 것이 중요합니다. 먹이로는 조, 피, 수수 같은 곡물을 잘 먹지요. 평균 수명은 5~8년입니다.

12

황새

분포지

한국, 중국 동북 지역, 러시아, 일본 등

크기

몸길이 1~1.2미터, 몸무게 5~6킬로그램

먹이

물고기, 개구리, 뱀, 쥐, 수생식물 등

한국을 비롯해 중국 동북 지역, 러시아, 일본 등에 분포합니다. 우리나라에서는 멸종 위기 야생생물 1급 및 천연기념물 제 199호로 지정해 보호하고 있지요. 하천, 호수, 농경지 등 습지에 서식하며 물고기, 개구리, 뱀, 쥐 등을 잡아먹습니다. 아울러 수생식물도 먹고, 이따금 작은 조류까지 황새의 먹잇감으로 희생되고는 하지요.

황새는 몸길이 1~1.2미터, 몸무게 5~6킬로그램입니다. 두루미와 헷갈리기 쉬운데, 황새는 바깥쪽 날개깃이 모두 검은 특징이 있습니다. 그에 비해 두루미는 일부 깃털만 검정색이지요. 또한 황새는 눈가에 붉은 피부가 드러나 있지만, 두루미는 머리가 붉습니다. 황새는 앞서 말한 바깥쪽 날개깃을 빼고는 온몸이 하얀 털로 덮여 있지요. 그 밖에 부리는 검은색이고, 곧게 뻗은 두 다리는 붉은색입니다. 암수의 모습이 서로 닮아 겉모습만으로 구분하기는 쉽지 않습니다.

황새는 흔히 땅에서 5~20미터 높이의 나무에 접시 모양의 둥지를 짓습니다. 번식기의 암컷은 한배에 3~4개의 알을 낳지요. 새끼는 약 30일 만에 부화합니다.

13 에뮤

분포지
오스트레일리아
크 기
몸길이 1.5∼1.9미터, 몸무게 35∼54킬로그램
먹 이
나뭇잎, 씨앗, 열매, 풀뿌리, 곤충 등

오스트레일리아에만 서식하는 새입니다. '세상에서 가장 큰 새'라는 뜻이 이름에 담겨 있지요. 하늘을 날지 못하는 대형 조류로는 타조 다음으로 큰 몸집을 자랑합니다. 몸길이 1.5∼1.9미터, 몸무게 35∼54킬로그램 정도 되지요. 몸통의 털 색깔은 어두운 회갈색이며, 기다란 목과 다리를 갖고 있습니다. 머리와 목에는 깃털이 거의 없어서 연푸른색 피부가 드러난 모습이지요. 또한 발가락이 3개뿐인 발을 가졌으며, 발톱이 짧고 단단합니다. 양쪽 날개는 퇴화되어 짧지요. 겉모습만으로는 암수 구별이 쉽지 않은데, 암컷이 약간 날씬하며 울음소리에도 차이가 있다고 합니다.

평소 에뮤는 경보 선수 같은 걸음걸이로 땅 위를 걸어 다닙니다. 하지만 필요에 따라 시속 50킬로미터까지 속력을 낼 수 있지요. 수영 실력도 빼어나고요. 에뮤는 군집생활을 하면서 나뭇잎, 씨앗, 열매, 풀뿌리 등을 즐겨 먹습니다. 곤충 같은 작은 동물을 먹이로 삼기도 하지요. 번식기가 되면 나무 아래 등에 둥지를 만들어 9∼20개의 알을 낳습니다. 특이하게 수컷이 2달 정도 알을 품어 부화시키는데, 새끼는 며칠 만에 둥지를 떠나지요.

14

인도청공작

분 포 지
인도, 스리랑카 등
크 기
몸길이 1~2.5미터, 몸무게 7~8킬로그램
먹 이
열매, 씨앗, 야채, 물고기, 개구리, 벌레 등

　인도청공작의 수컷은 몸이 대부분 청색 깃털로 덮여 있습니다. 그에 비해 암컷은 몸 전체가 잿빛을 띠는 갈색이지요. 이 대형 조류는 그리스 로마 시대를 거치면서 오랜 세월 인류의 사랑을 받아 왔습니다. 무엇보다 외모가 아름다울 뿐만 아니라, 번식이 쉽고 질병을 견디는 힘이 강했기 때문입니다.

　인도청공작은 몸길이가 1~2.5미터, 몸무게는 7~8킬로그램 정도 됩니다. 수컷은 부채 같은 깃털을 갖고 있어, 이따금 그 것을 활짝 펼쳐 위로 치켜세우는 행동을 하지요. 이른바 '디스플레이 행동'이라고 하는데, 상대를 위협하거나 사랑을 얻기 위해 하는 몸짓입니다. 번식기가 되면 수컷은 여러 마리의 암컷을 거느려 무리를 이루지요. 하지만 평소에는 수컷은 수컷끼리 모여 살고, 암컷은 새끼들과 함께 무리를 짓습니다.

　인도청공작은 열매, 씨앗, 야채, 물고기, 개구리, 벌레 등을 주요 먹이로 삼습니다. 암컷은 한 번에 6개 정도의 알을 낳으며, 새끼는 28일 만에 부화하지요. 인도청공작은 시력과 청력 같은 감각 기관이 발달해 천적의 접근을 금방 알아챕니다.

15
참수리

분 포 지

한국과 일본을 비롯해 캄차카, 사할린, 아무르 지역 등

크 기

몸길이 85~105센티미터, 몸무게 7~9킬로그램

먹 이

물고기, 토끼, 쥐, 새, 짐승의 썩은 고기 등

　겨울철에 한반도에서 발견되는 철새입니다. 주로 동북아시아의 캄차카, 사할린, 아무르 등에 분포하며 겨울이면 우리나라와 일본을 찾아 먹이 활동을 하지요. 하지만 그 수가 많지 않은 탓에 남한에서는 모습을 찾아보기 어렵습니다. 따라서 천연기념물 및 멸종 위기 야생생물 1급으로 지정해 보호하고 있지요.

　참수리는 해안이나 하천, 갯벌, 호숫가 등에 서식합니다. 물고기, 토끼, 쥐, 새 등과 함께 짐승의 썩은 고기도 즐겨 먹지요. 몸길이 85~105센티미터에, 몸무게는 7~9킬로그램 정도 나갑니다. 보통 암컷의 몸집이 수컷보다 크지요. 털 색깔은 암수 모두 전체적으로 갈색을 띱니다. 날개 일부와 꼬리에 흰색 깃털이 있는데, 수컷의 경우 겨울철에 이마 부위에도 하얀 털이 납니다. 그 밖에 오렌지 빛이 나는 큰 부리도 눈에 띄는 특징이지요.

　참수리는 번식기가 되면 높은 나무나 암벽에 둥지를 틀고 2개의 알을 낳습니다. 새끼는 40일 남짓 지나면 부화하지요. 그 후 70일 정도 어미의 보호를 받다가 독립합니다.

왕관비둘기

분포지
인도네시아, 파푸아뉴기니 등

크 기
몸길이 67~77센티미터, 몸무게 1.8~2.4킬로그램

먹 이
곤충, 열매, 씨앗 등

인도네시아와 파푸아뉴기니 등에 분포하는 비둘기의 일종입니다. 몸길이 67~77센티미터, 몸무게 1.8~2.4킬로그램 정도 되지요. 몸집이 크면서도 아름다운데, 마치 부채를 활짝 펼쳐놓은 듯한 화려한 머리 장식이 특징입니다. 얼핏 그 모습이 공작 수컷의 꼬리깃털과 닮았지요. 몸에는 거의 모든 곳에 청색 깃털이 덮여 있어 매력을 더합니다.

왕관비둘기는 산림이 우거진 열대우림 지역에 주로 서식합니다. 대부분 대여섯 마리씩 무리지어 생활하는데, 가끔 수십 마리가 집단생활을 하는 모습을 보이기도 하지요. 하늘을 나는 시간은 의외로 별로 없어 땅 위에서 먹이 활동을 할 때가 많습니다. 주로 곤충을 잡아먹거나, 땅에 떨어진 열매와 씨앗 등을 즐겨 먹지요.

왕관비둘기는 번식기가 되면 높은 나무 위에 둥지를 만듭니다. 땅에서 먹이 활동을 하다가 나무 위로 날아오를 때면 요란한 소리를 내며 날갯짓을 하지요. 왕관비둘기의 암컷은 한배에 1개의 알을 낳습니다. 새끼는 28~30일 만에 부화해, 한 달 남짓 크면 둥지를 떠나지요.

토코투칸

분포지
남아메리카 열대우림

크 기
몸길이 60~66센티미터, 몸무게 450~600그램

먹 이
과일, 곤충 등

'동물계 〉 척삭동물문 〉 조강 〉 딱따구리목 〉 왕부리새과 〉 왕부리속'에 해당하는 조류입니다. 왕부리새과에서 몸집이 가장 크지요. 주로 남아메리카 열대우림에 분포합니다. 이 새는 브라질의 국조로 지정될 만큼 지역 주민들의 큰 사랑을 받고 있지요. '왕부리새', '토코왕부리새' 등의 이름으로도 불립니다.

토코투칸의 겉모습에서 가장 눈길을 사로잡는 것은 커다란 부리입니다. 체온 조절 역할도 하는 부리는 몸길이의 3분의 1쯤 되어 얼핏 부자연스러워 보이기까지 하지요. 그 폭도 넓어 엄청난 무게를 어떻게 견디나 싶을 정도입니다. 하지만 조직 사이에 틈이 있는 유공성 부리라서 보기보다는 별로 무겁지 않다고 하지요. 몸길이는 60~66센티미터이며, 몸무게는 450~600그램 정도입니다. 몸의 빛깔은 전체적으로 검은색이며, 목과 꼬리 일부에 하얀색 깃털이 나 있지요. 또한 부리와 눈 주위가 오렌지색이고, 항문 부근의 일부 깃털은 붉은색을 띱니다. 그 밖에 부리 끝에 있는 검은 반점도 빼놓을 수 없는 특징이지요.

토코투칸의 주요 먹이는 과일과 곤충 등입니다. 평균 수명은 20~25년이지요.

18 목도리앵무

분포지
인도, 스리랑카, 파키스탄 등

크 기
몸길이 30~40센티미터, 몸무게 90~130그램

먹 이
견과류, 씨앗, 곤충, 벌레, 채소 등

인도, 스리랑카, 파키스탄 등에 분포하는 조류입니다. 몸길이 30~40센티미터인 중형 앵무새지요. 몸무게는 90~130그램 정도입니다. 서식 지역에 따라 '인도비둘기'라고 부르기도 합니다. 어릴 적에는 겉모습만으로 암수 구별이 어려운데, 수컷의 경우 자라나면서 목에 목도리 같은 무늬가 생기는 특징이 있습니다. 거기서 목도리앵무라는 이름이 유래했지요.

요즘 목도리앵무는 많은 사람들이 사랑하는 애완 조류지만 여전히 야생성이 강하다고 알려져 있습니다. 그러나 사육자와 신뢰가 쌓이면 여느 앵무새 못지않게 친밀감을 나타내지요. 주변에 대한 경계심이 강하고 호기심도 많아 세심한 주의가 필요한 앵무새입니다.

목도리앵무의 몸 색깔은 대개 초록색입니다. 부리는 빨갛고 깃털 일부에 노란빛이 비치기도 하지요. 그 밖에도 파란색, 흰색, 회색, 노란색 등 다양한 종류가 있습니다. 어느 것이나 부리 색깔이 빨간 공통점을 보이지요. 목도리앵무의 주요 먹이는 견과류, 씨앗, 곤충, 벌레, 채소 등입니다. 평균 수명은 25~30년입니다.

19

장미앵무

분 포 지
오스트레일리아 남동부 및 태즈메이니아섬 등
크 기
몸길이 30~32센티미터, 몸무게 90~120그램
먹 이
열매, 씨앗, 꽃, 과일, 곡물 등

　오스트레일리아 남동부와 태즈메이니아섬이 원산지인 앵무새입니다. 온몸에 여러 가지 색깔의 깃털이 나 있어 매우 화려한 외모를 자랑하지요. 우선 머리와 가슴, 배 부분은 붉은색 깃털로 장식되어 있습니다. 눈 밑 뺨 부분과 목은 흰색이고요. 등과 날개 윗부분은 노란색 바탕에 검정 무늬, 날개 아래쪽에는 청색 깃털이 보이지요. 그 밖에도 이 새는 몸 곳곳에 연두색과 노란색 등 다양한 색깔의 깃털이 조화를 이루고 있는 모습입니다.

　장미앵무는 몸길이 30~32센티미터의 중형 앵무새입니다. 몸무게는 90~120그램 정도 되지요. 암수는 겉모습으로 구별하기 쉽지 않지만, 암컷의 크기가 조금 작은 편입니다. 보통 이 새는 성질이 온순하고 환경 적응력도 뛰어나 애완 조류로 키우기 알맞다고 알려져 있습니다. 야생에서도 산림 지대는 물론이고 인간이 만들어놓은 과수원이나 농경지에서 서식하는 모습을 볼 수 있지요. 먹이로는 야생 식물의 열매와 씨앗, 꽃을 비롯해 과일, 곡물 등을 즐겨 먹습니다. 장미앵무는 암수 한 쌍이 사이좋게 어울려 1년에 1~2회 번식하지요. 한배에 3~6개의 알을 낳으며, 새끼는 19~21일 만에 부화합니다.

20

회색앵무

분 포 지
아프리카 중부 지역 등

크 기
몸길이 33~40센티미터, 몸무게 300~400그램

먹 이
열매, 씨앗, 곡물 등

아프리카 중부에 널리 분포하는 앵무새입니다. 산림 지대와 맹그로브 군락지 같은 습지에 주로 서식하지요. 이름에서 알 수 잇듯, 온몸이 아름다운 회색 털로 덮여 있습니다. 다만 눈 주위가 희고, 부리는 검은색이며, 꼬리 부분이 붉은색을 띱니다. 여느 앵무새처럼 화려한 깃털을 갖고 있지는 않지만 단조로운 색의 조화 속에 고상한 멋이 있지요.

회색앵무는 몸길이 33~40센티미터, 몸무게 300~400그램 정도 되는 새입니다. 겉모습만으로는 암수 구별이 어려운데, 암컷이 수컷보다 조금 작은 편이지요. 특히 이 새는 지능이 높다고 알려져 애완 조류 애호가들에게 인기가 높습니다. 주인을 잘 따르고, 사람의 말을 흉내 내는 실력도 뛰어나지요. 하지만 성격이 예민해 스트레스를 잘 받는다는 단점이 있습니다. 낯선 것을 경계하며, 겁이 많기도 하고요.

야생에서 회색앵무는 식물의 열매와 씨앗을 즐겨 먹습니다. 사람이 사육할 때는 좁쌀, 땅콩, 들깨 같은 곡물을 먹이로 주기도 하지요. 평균 수명은 20~30년입니다.

21 타조

분포지
아프리카 사바나 지역

크 기
몸길이 1.8~2.5미터, 몸무게 70~130킬로그램

먹 이
풀, 새싹, 뿌리, 열매, 씨앗, 곤충, 도마뱀 등

하늘을 날지 못하는 새의 대명사입니다. 오래 전, 생김새가 낙타와 비슷하다고 해서 타조라는 이름이 붙었지요. 주요 분포지는 아프리카 사바나 지역입니다. 초원과 사막 등 다양한 곳에서 살아갈 만큼 강한 생존력을 갖고 있지요. 타조는 날개가 퇴화해 날지 못하지만 달리기가 무척 빨라 시속 90킬로미터에 달하는 속력을 냅니다. 그것은 천적으로부터 자신을 보호하는 탁월한 방어 무기입니다.

타조는 몸길이 1.8~2.5미터, 몸무게 70~130킬로그램에 이르는 큰 새입니다. 수컷의 경우 땅에서 머리 높이를 재면 2미터가 훌쩍 넘지요. 수컷의 털 색깔은 대부분 검은색이며, 날개깃과 꼬리깃은 흰색입니다. 그와 달리 암컷은 온몸이 갈색 털로 덮여 있지요. 암수 모두 머리, 목, 다리에는 털이 거의 없습니다. 그리고 발에는 2개의 발가락이 있는데, 그 중 하나에 강력한 발톱 있어 상대를 공격하는 무기로 사용됩니다. 또한 타조는 시각과 청각이 발달된 주행성 동물입니다. 풀, 새싹, 뿌리, 열매, 씨앗을 비롯해 곤충과 도마뱀 등도 잡아먹지요. 타조 알은 무척 커서 지름 13~15센티미터, 무게 1.6킬로그램이나 됩니다.

캐나다기러기

분 포 지
북아메리카 등

크 기
몸길이 75~110센티미터, 몸무게 2.5~6.5킬로그램

먹 이
물고기, 곤충, 수생식물, 곡물 등

　북아메리카에 분포하는 대형 기러기입니다. 겨울이 되면 남쪽으로 내려가 생활하는 습성이 있어, 우리나라에서도 드물게 목격되지요. 캐나다기러기의 크기는 몸길이 75~110센티미터, 몸무게 2.5~6.5킬로그램 정도입니다. 날개를 활짝 펴면 너비가 1.6미터 안팎에 이르지요. 암수의 겉모습에는 큰 차이가 없는데, 다만 암컷의 몸집이 조금 작습니다. 털 색깔은 등 쪽이 갈색, 배 쪽은 옅은 회색에 가깝지요. 부리를 포함한 머리와 목은 검은색이고, 뺨에서 턱으로 흰색 털이 반점 모양으로 나 있습니다.

　캐나다기러기는 하천이나 호수처럼 물이 있는 곳에서 주로 서식합니다. 물고기, 곤충, 수생식물, 곡물 등을 주요 먹이로 삼지요. 번식기가 되면 나무가 아닌 땅 위에 얕은 구덩이를 파고 둥지를 만듭니다. 많은 기러기 종류가 그렇듯 한 마리의 수컷과 한 마리의 암컷이 부부의 연을 맺어 한배에 3~8개의 알을 낳지요. 새끼는 26일 안팎의 포란 기간을 거쳐 부화합니다. 캐나다기러기의 평균 수명은 20~30년으로 알려져 있지요.

큰기러기

분 포 지
유라시아 대륙

크 기
몸길이 76~89센티미터, 몸무게 2.4~5킬로그램

먹 이
열매, 잎, 줄기, 물고기, 곤충, 곡물 등

주로 유럽 북부에서 아시아 동북부 지역에 분포합니다. 겨울에는 아시아 남서부와 한국, 중국, 일본 등까지 내려와 월동하지요. 우리나라에서 흔하게 볼 수 있는 겨울 철새로, 다른 기러기보다 몸 색깔이 더 짙은 회갈색을 띱니다. 부리는 검은빛인데, 끝부분에 황색 띠를 두른 듯한 특징이 있지요.

큰기러기의 크기는 몸길이 76~89센티미터, 몸무게 2.4~5킬로그램 정도입니다. 주요 먹이는 식물의 열매와 잎, 줄기, 물고기, 곤충 등이지요. 겨울에 생활하는 지역에서는 수생식물과 논밭에 남겨진 곡물 등을 즐겨 먹습니다. 우리나라에서는 겨울에 찾아오는 손님인 큰기러기를 보호하기 위해 멸종 위기 야생생물 2급으로 지정했지요.

보통 집단생활을 하는 큰기러기는 번식기가 되면 땅바닥의 움푹 들어간 곳에 둥지를 만듭니다. 암수 한 쌍이 사이좋게 지내며 한배에 4~7개의 알을 낳지요. 새끼는 약 26일 만에 부화해 50~60일 동안 어미의 보살핌을 받습니다.

24 백로

분포지

북아메리카 북부 등 일부 지역을 제외한 전 세계

크 기

몸길이 0.5~1.4미터, 몸무게 0.4~7킬로그램

먹 이

물고기, 개구리, 쥐, 뱀, 곤충 등

왜가리과에 속하는 조류입니다. 온몸이 하얀 털로 덮인 깨끗한 모습 때문에, 우리나라에서는 예로부터 청렴한 선비를 상징하는 동물로 이야기되었습니다. 백로는 흔히 쇠백로, 중백로, 대백로 등으로 구분됩니다. 그에 따라 몸집에 차이가 있어, 몸길이가 0.5~1.4미터로 다양하지요. 몸무게 역시 400그램에서 7킬로그램 남짓까지 다양하고요.

백로는 북아메리카 북부 등 일부 지역을 제외하고 전 세계에 고루 분포합니다. 주로 해안이나 습지에 서식하면서 물고기, 개구리, 쥐, 뱀, 곤충 등을 잡아먹지요. 번식기에는 대부분 집단생활을 하며, 암컷이 높은 나뭇가지 위 둥지에서 한배에 2~4개의 알을 낳습니다. 새끼는 약 25일 만에 부화해, 종류에 따라 30~60일 정도 어미의 보살핌을 받지요.

백로는 머리가 작고 부리가 날렵하며, 목과 다리가 길어 우아한 모습입니다. 앞서 설명했듯 온몸에 순백의 깃털이 덮여 있어 그런 이미지를 더하지요. 특히 하늘을 날 때는 활짝 펼친 날개가 한 폭의 그림을 연상시킵니다.

관학

분포지
아프리카 사바나 지역

크 기
몸길이 95~112센티미터, 몸무게 3~4킬로그램

먹 이
곤충, 개구리, 도마뱀, 씨앗, 곡물, 열매 등

'관두루미'라고도 합니다. 수컷이 조금 클 뿐, 겉모습만으로는 암수가 잘 구별되지 않지요. 관학의 크기는 몸길이 95~112센티미터, 몸무게 3~4킬로그램 정도입니다. 주로 아프리카 대륙의 사바나 지역에 분포하지요. 우간다에서는 이 새를 국조로 정하고 국기에 묘사할 만큼 많은 사람들이 사랑한다고 합니다. 종에 따라 몸에 검은 털이 우세한 것과 회색 털이 우세한 것이 있는데, 어느 것이나 벼슬 같은 관이 있어 관학이라는 이름을 갖게 됐습니다. 정수리 부분에 밤송이 모양의 화려한 털 장식이 달려 있는 것이지요.

관학은 먹이 상황과 기후에 따라 서식지를 옮겨 다니지만 철새는 아닙니다. 수십 또는 수백 마리씩 무리지어 생활하면서 곤충, 개구리, 도마뱀 등 동물성 먹이를 비롯해 씨앗, 곡물, 열매 같은 식물성 먹이를 먹지요. 그리고 번식기가 되면 대부분 땅 위에 풀을 엮어 둥지를 만든 뒤 2~4개의 알을 낳습니다. 관학은 암수 한 쌍이 사이좋게 알을 품어 약 한 달 만에 새끼를 부화시키지요. 평균 수명은 22년 안팎입니다.

26

소조앵무

분 포 지
인도네시아

크 기
몸길이 25~30센티미터, 몸무게 150~200그램

먹 이
과일, 과즙, 견과류, 곡물 등

‘붉은장수앵무’, ‘진홍장수앵무’, ‘채터링로리(수다쟁이앵무)’라고도 합니다. 인도네시아에 분포하는 조류지요. 특히 인도네시아 북동부 할마헤라섬의 숲에 주로 서식합니다. 소조앵무는 머리와 몸통이 거의 붉은색 깃털로 덮여 있습니다. 부리도 주황색이지요. 다만 날개와 다리 쪽 깃털 일부가 초록색을 띱니다. 등에는 약간의 황색 부위가 보이고요. 다리는 진한 회색빛이지요. 털 색깔 등 겉모습만으로는 암수 구별이 어렵습니다.

소조앵무는 쾌활한 성격에 재잘거리는 소리를 자주 내 수다쟁이라는 별명을 얻었습니다. 게다가 털 색깔까지 화려해 오래전부터 애완 조류로 사랑받아 왔지요. 짝을 지은 암수의 사이도 아주 다정해서 문제를 일으키는 경우가 거의 없다고 합니다. 소조앵무는 몸길이 25~30센티미터, 몸무게는 150~200그램 정도입니다. 과일과 과즙을 좋아하지만 견과류와 곡물도 잘 먹지요. 번식기의 암컷은 한배에 2~4개의 알을 낳으며, 새끼는 27~28일 만에 부화합니다. 평균 수명은 20~25년입니다.

27

인도백공작

분 포 지
인도, 스리랑카 등

크 기
길이 1~2.5미터, 몸무게 7~8킬로그램

먹 이
열매, 씨앗, 야채, 물고기, 개구리, 벌레 등

　인도백공작에 대해 알려면 먼저 '인도공작'에 대해 공부해야 합니다. 왜냐하면 이 품종은 인공적인 선택 교배를 통해 만들어진 돌연변이 종이기 때문입니다. 원래 인도공작이 화려한 깃털을 가진데 비해, 인도백공작은 몸 전체가 흰색 깃털로 이루어져 있지요.

　인도공작은 그리스 로마 시대를 거치면서 오랜 세월 인류의 사랑을 받아 왔습니다. 외모가 아름다울 뿐만 아니라, 번식이 쉽고 질병을 견디는 힘이 강했지요. 사람들은 이 동물을 애완용으로 키우기 위해 날개를 잘랐는데, 그럼에도 10여 미터를 훌쩍 뛰어오를 만큼 힘이 좋았습니다. 사육장에 튼튼한 나뭇가지를 설치해 놓으면 그곳에 앉아 생활하는 것을 즐겼지요. 일단 사육장에 적응하면 멀리 달아나려 하지 않고 환경에 순응하는 모습을 보인다고 합니다. 인도백공작 역시 인도공작의 습성을 그대로 갖고 있지요.

　인도백공작은 한 번에 6개 정도의 알을 낳습니다. 새끼는 28일 만에 부화하는데, 어미처럼 멋진 꼬리깃털을 갖기까지는 3~4년의 시간이 걸립니다.

28 두루미

분포지
한국, 러시아, 중국, 일본, 몽골 등

크 기
몸길이 135~140센티미터, 몸무게 10킬로그램 안팎

먹 이
물고기, 곤충, 어패류, 씨앗, 풀뿌리 등

　우리나라에서 '멸종 위기 야생생물 1급'으로 지정해 보호하고 있는 조류입니다. 일찍이 1968년에는 천연기념물 제202호로 지정했지요. 예로부터 '학'이라고도 불렀으며, 우리나라에서는 10월 하순부터 이듬해 3월까지 관찰할 수 있는 겨울 철새입니다.

　두루미는 전체적으로 흰빛을 띱니다. 다만 이마에서 목에 걸친 부위가 검고, 정수리 쪽이 피부가 드러나 붉은색으로 보이지요. 날개깃 역시 아래쪽만 검은색이고 나머지는 모두 흰색입니다. 어린 새는 검정색 부분이 연한 갈색이었다가, 자라나면서 점점 검게 변하지요.

　두루미는 매년 봄 러시아 시베리아, 중국 만주 지역 등으로 돌아가 번식을 합니다. 한 번에 2개의 알을 낳아 32~33일 만에 부화하지요. 그 후 겨울이 되면 다시 우리나라의 휴전선 근처와 중국 남동부 지역으로 삶의 터전을 옮깁니다. 지금은 전 세계적으로 3천여 마리밖에 남아 있지 않은데, 그 중 1천여 마리가 한반도를 찾아오지요.

　우리나라를 비롯한 동양에서는 두루미를 장수의 상징으로 여기는 문화가 있습니다. 수명이 보통 30년 이상인데, 무려 86년을 산 기록이 남아 있기도 합니다.

금계

분 포 지
중국 남서부(야생 금계의 경우), 전 세계
크 기
몸길이 90~160센티미터(꼬리깃털 포함), 몸무게 1~2.5킬로그램
먹 이
곡물, 야채, 벌레, 곤충 등

생물 분류에 따르면, 금계는 '동물계 〉 척삭동물문 〉 조류강 〉 닭목 〉 꿩과 〉 금계속 〉 금계'로 구분합니다. 옛 문헌에는 금계의 겉모습이 '작은 꿩을 닮았고, 가슴의 깃털 색은 공작의 날개를 닮았다.'라고 설명되어 있지요. 이와 같은 내용만 보더라도 금계가 닭과 꿩의 모습과 비슷하며, 공작처럼 화려한 깃털을 가졌다는 사실을 알 수 있습니다.

금계는 중국 남서부의 산림 지대가 원산지입니다. 원래는 야생 조류였는데, 번식이 쉽고 추위에 강해 사람들이 집에서 키우기 시작했지요. 금계라는 이름은 수컷의 겉모습에서 유래되었습니다. 수컷의 경우 머리의 장식깃과 허리 부분이 반짝이는 황금색을 띠지요. 다 자란 수컷의 꼬리는 길이가 60센티미터에 이르러 화려함을 더합니다. 그런 모습이 황금을 떠올리게 한다고 해서 금계라고 불리게 된 것이지요. 수컷의 경우 단지 황금색뿐만 아니라 붉고 푸른 깃털까지 조화롭게 어우러져 최고의 관상용 조류로 부족함이 없습니다.

금계는 번식기에 10여 개 남짓한 알을 낳으며, 22일 만에 부화합니다. 수명은 약 20년입니다.

30 황금계

분포지
전 세계

크 기
몸길이 90~105센티미터(꼬리깃털 포함), 몸무게 1~2.5킬로그램

먹 이
곡물, 야채, 벌레, 곤충

황금계는 금계의 변종입니다. 변종이란, 같은 종류의 생물 가운데 변이가 생겨서 성질이나 형태가 달라진 것을 말합니다. 그러니까 어느 날 우연히 노란색 깃털이 더욱 두드러지게 태어난 금계의 변종이 황금계의 출발점이 됐지요. 그 모습을 아름답게 느낀 사람들이 변종을 보존하고 개량해 지금의 황금계로 발전시킨 것입니다.

황금계는 전체적으로 붉은색 면적이 넓은 금계와 달리 온몸에 노란 색깔이 강합니다. 더욱이 노란빛이 밝게 반짝이는데다, 금계의 날개 부분에 있는 푸른빛 줄무늬마저 갈색을 띠어 더욱 황금의 이미지를 갖게 하지요. 금계는 원래 야생 조류였지만 황금계는 처음부터 관상 조류로 사육된 셈입니다. 오늘날 황금계는 하나의 독립적인 품종으로 인정받아 마니아들에게 큰 인기를 끌고 있습니다.

황금계의 몸집과 성질은 금계와 비슷합니다. 다만 대부분의 변종이 그렇듯 선천적인 체질이 약하고 번식력도 떨어지지요. 추위와 질병을 견디는 힘이 금계에 비해 부족합니다.

31

백한

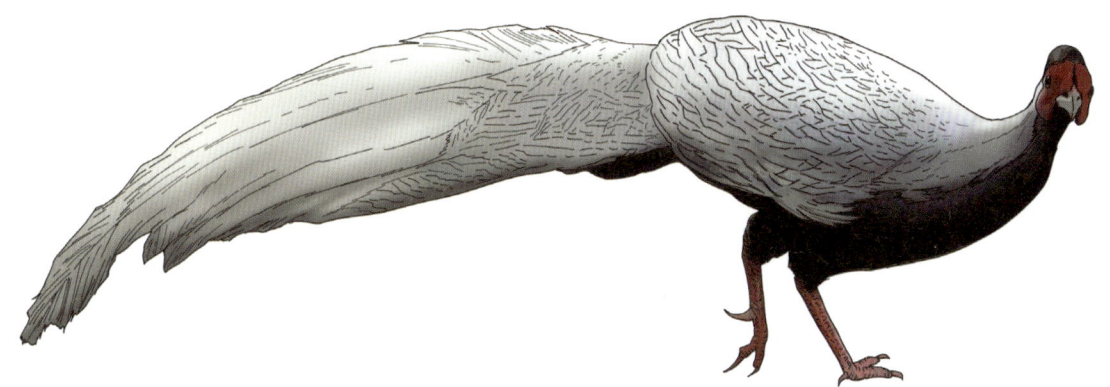

분 포 지
티베트, 중국, 인도차이나반도를 비롯한 전 세계

크 기
몸길이 1미터 안팎(꼬리깃털 포함), 몸무게 1.2∼2.7킬로그램

먹 이
곡물, 야채, 벌레, 곤충

　'동물계 〉 척삭동물문 〉 조류강 〉 닭목 〉 꿩과'에 속하는 조류입니다. 옛날에는 티베트 남동부, 중국 하이난, 인도차이나반도 등을 중심으로 서식했으나 지금은 전 세계에서 사육되고 있지요. 질병과 추위에 강하고 번식이 쉬워 오래 전부터 애완 조류로 키워왔습니다. 번식기에는 제법 사나운 성질을 드러내지만, 평소에는 보통의 꿩이나 닭과 비슷해 사육에 큰 어려움이 없지요.

　백한의 겉모습은 꿩처럼 수컷과 암컷이 매우 다릅니다. 수컷의 경우 등을 중심으로 몸의 대부분이 하얀 깃털로 덮여 있지요. 길게 곡선을 이루는 꼬리깃털도 하얀색이라 순백의 이미지를 강하게 내보입니다. 그래서 머리와 가슴 쪽의 검은 깃털과 얼굴의 붉은 피부가 더욱 도드라져 보이지요. 붉은빛이 감도는 발에는 길고 날카로운 발톱이 나 있습니다.

　수컷에 비해 암컷은 전체적으로 갈색을 띠는 소박한 모습입니다. 얼굴과 다리의 붉은빛이 그나마 개성적이지요. 백한은 적절한 환경이 갖춰지면 수명이 20년 이상 된다고 합니다.

32

구관조

분 포 지

인도, 중국, 말레이시아, 인도네시아, 베트남, 필리핀 등

크 기

몸길이 30~40센티미터, 몸무게 400그램

먹 이

과일, 곡물, 곤충 등

사람의 말을 잘 흉내내 애완용으로 사랑받는 조류입니다. 얼핏 까마귀로 착각할 만한 모습을 지녔는데, 크기가 조금 작고 부리와 다리의 색깔이 다르지요. 몸은 전체적으로 자줏빛 윤기가 흐르는 검은색이지만 부리와 다리가 밝은 오렌지색을 띱니다. 눈 아래쪽에서 목 부분에 노란색 볏이 띠 모양으로 드러나 있기도 하고요. 날개 끝부분에 흰 무늬가 있는 것도 까마귀와 구별되는 점입니다. 그와 같은 겉모습은 암수가 서로 비슷하지요.

야생 구관조는 주로 인도와 중국, 동남아시아의 삼림에서 서식합니다. 각종 과일을 주식으로 삼으며, 3~10월 나무 구멍에 둥지를 틀어 보통 2개의 알을 낳지요. 이 새는 사람의 말뿐만 아니라 다른 조류나 동물의 소리를 잘 흉내내 놀라움을 자아낼 때가 많습니다. 그런 특성 때문에 사람들이 마구잡이로 잡아들여 지금은 야생에서 구관조를 쉽게 찾아보기 어렵지요. 심지어 일부 국가에서는 과일 농사에 해를 끼친다는 이유로 유해 조수 취급을 받는다고 합니다. 야생 구관조의 수명은 3~8년 정도로 알려져 있습니다.

33

달마수리

분포지
아프리카 사하라사막 남쪽 및 아라비아반도

크 기
몸길이 80~85센티미터, 몸무게 2.5~3킬로그램

먹 이
쥐, 새, 뱀, 동물의 사체 등

붉은 얼굴을 가진 매입니다. 주로 아프리카 사하라사막 남쪽에 서식하지요. 나무 덤불이 우거진 곳을 좋아하고, 하루에 8~9시간은 먹잇감을 찾기 위해 공중에서 시간을 보낸다고 합니다. 달마수리가 비행할 때면 꼬리 깃털보다 더 길게 뻗은 다리를 볼 수 있지요. 튼튼한 다리는 먹이를 사냥하여 움켜쥐는 데 적합합니다.

달마수리의 영어 이름에는 '줄타기 하는 곡예사'라는 의미가 담겨 있습니다. 하늘을 나는 모습이 마치 균형을 잡으며 줄을 타는 것과 비슷해 붙여진 이름이지요. 달마수리는 그처럼 능숙한 솜씨로 하늘을 날아 쥐, 뱀, 새 등을 사냥합니다. 때로는 죽은 동물의 고기를 뜯어먹기도 하고요. 날개를 활짝 펼쳤을 때 좌우 길이가 약 180센티미터나 되어 사냥감을 쫓는 위압감이 대단한 매입니다.

달마수리의 깃털 색깔은 전체적으로 검은색을 띱니다. 거기에 날개 일부가 흰색이며, 푸른빛이 도는 깃털이 섞여 있지요. 부리 끝에는 검은 반점이 있고, 다리 색깔이 얼굴처럼 붉습니다. 암컷의 몸집이 수컷보다 큰 특징도 있지요.

34

흰꼬리수리

분 포 지

한국, 북유럽, 러시아, 중국, 일본 등

크 기

몸길이 83~95센티미터, 몸무게 4~5킬로그램

먹 이

연어, 송어, 토끼, 쥐, 새, 동물의 사체 등

우리나라에서는 겨울 철새로 관찰되는 맹금류입니다. 다 자라고 나면 꼬리 깃털이 희기 때문에 '흰꼬리수리'라는 이름을 얻게 됐지요. 이 새의 주요 서식지는 러시아와 북유럽, 중국, 일본 등입니다. 우리나라에는 겨울에 찾아와 한강과 낙동강, 제주도 등에서 생활하지요. 물고기 사냥을 잘하며, 양서류와 파충류 같은 동물도 잡아먹습니다. 토끼, 쥐, 오리 등은 물론이고 동물의 사체를 뜯어먹기도 하지요.

흰꼬리수리의 몸은 대부분 황갈색 털로 덮여 있습니다. 머리 부분은 약간 옅은 갈색이며, 꼬리에서 흰색 깃털을 볼 수 있지요. 부리와 다리는 노란빛을 띱니다. 흰꼬리수리는 날개를 편 길이가 2미터가 넘는 대형 맹금류입니다. 암컷의 몸집이 수컷보다 조금 더 크지요. 산란기는 3~4월이며, 한 번에 1~4개의 알을 낳아 35일 정도에 부화합니다.

우리나라는 지난 1973년 흰꼬리수리를 천연기념물로 지정했습니다. 그리고 2012년에는 멸종 위기 야생생물 1급으로 지정해 보호하고 있지요.

35 독수리

분 포 지
유럽 지중해 서쪽에서 아시아 대륙 동쪽까지

크 기
몸길이 1~1.4미터, 몸무게 7~14킬로그램

먹 이
동물의 사체 등

'자연의 청소부'라는 별명을 가진 조류입니다. 동물의 사체를 주요 먹이로 삼기 때문에 그와 같은 별명이 붙었지요. 몸집이 크고 힘도 세지만, 강인해 보이는 겉모습과 달리 사냥 솜씨는 뛰어나지 않다고 합니다. 그래서 수명이 다한 동물이나 맹수들이 사냥해 먹다 남긴 고기 등을 뜯어먹지요. 특히 내장을 좋아하는데, 그런 습성 탓에 농약을 삼켜 죽은 동물의 사체를 먹다가 목숨을 잃는 경우도 흔하다고 합니다.

독수리는 유럽의 지중해에서 아시아에 이르는 넓은 지역에 서식합니다. 한반도에는 겨울을 나기 위해 찾아오지요. 주로 하천 부근이나 해안가에서 생활하며 먹이 활동을 하고, 2~4월에 번식해 한 개의 알을 낳습니다. 우리나라에서는 1973년부터 천연기념물 제243호로 지정해 보호하고 있지요. 2012년에는 멸종 위기 야생생물 2급으로도 지정했습니다.

독수리는 몸길이만 해도 1미터가 넘는 맹금류입니다. 수리류 중 가장 몸집이 크지요. 온몸에 어두운 갈색 털이 덮여 있고, 커다란 부리는 검은색을 띱니다. 부리와 발톱이 날카로워 더욱 강렬한 인상을 내보이지요.

36

오색앵무

분포지
오스트레일리아를 비롯한 전 세계

크 기
몸길이 26~30센티미터, 몸무게 120그램 안팎

먹 이
과일, 열매, 과즙 등

오스트레일리아 동부와 북부 지역이 원산지입니다. 몸길이 26~30센티미터인 중형 앵무새지요. 온몸에 초록색, 파란색, 빨간색 등 원색의 털이 나 있어 매우 화려한 매력을 자랑합니다. 그래서 원래는 따뜻한 기후의 산림에 살았지만, 지금은 조류 애호가들의 사랑을 받아 전 세계에서 사육되고 있지요.

오색앵무는 외모만큼 성질도 명랑해 장난치기를 좋아합니다. 어릴 때부터 길들이면 곧잘 재롱을 피기도 하지요. 자연에서는 과즙과 열매 등을 먹고 살았는데, 사육 환경에서는 주로 과일을 먹이로 줍니다. 이따금 상품화된 혼합 과즙을 먹이기도 하고요. 사육 공간이 좁으면 스트레스를 받는 점에도 주의해야 하지요.

오색앵무는 암수가 모두 화려한 외모를 갖고 있습니다. 여느 앵무새처럼 부리가 짧고 굵으며 갈고리 모양을 하고 있지요. 발가락 2개는 앞을 향하고 2개는 뒤를 향해 나뭇가지를 잡기 편리한 구조입니다. 번식은 1년에 2~3번 2개 정도씩 알을 낳아, 24일 만에 부화합니다.

37

펠리컨

분포지
유럽 남동부, 아프리카, 아시아, 오스트레일리아, 아메리카 등
크 기
몸길이 1.6미터 안팎, 몸무게 6~10킬로그램
먹 이
물고기, 개구리 등

'사다새', '가람조'라고도 불리는 새입니다. 몸길이 160센티미터 안팎에, 날개를 편 길이가 2미터 이상 될 만큼 몸집이 커다랗지요. 아울러 목이 상당히 길며, 다리는 짧고 물갈퀴가 있습니다. 비행과 수영 솜씨 모두 뛰어나지요.

그런데 무엇보다 눈길을 사로잡는 펠리컨의 특징은 신축성이 아주 좋은 목주머니입니다. 이것은 긴 부리의 아래쪽에 위치하는데, 평소에는 보이지 않다가 먹이를 낚았을 때 크게 늘어나지요. 펠리컨은 목주머니를 물속에서 그물처럼 사용해 물고기를 잡습니다. 그런 다음 물은 내버리고 물고기만 꿀꺽 삼키지요.

펠리컨은 유럽 남동부에서 아프리카, 아시아, 오스트레일리아, 아메리카 등 넓은 지역에 분포합니다. 해안이나 내륙의 큰 호숫가, 강어귀 등에 주로 서식하지요. 흔히 무리를 지어 집단생활을 하며, 줄지어 하늘을 나는 모습을 보이기도 합니다. 번식기인 3~7월에 2~4개의 알을 낳아 약 4주 만에 부화하지요. 먹이는 다양한 물고기를 즐겨 먹습니다.

38

고니

분 포 지
유럽, 아시아, 아메리카 대륙의 북부 지역

크 기
몸길이 1∼1.5미터, 몸무게 5∼7.5킬로그램

먹 이
수생식물, 곡물, 물고기, 곤충 등

흔히 '백조'라고 부르는 새입니다. 백조는 한자어로, 우리말 이름인 고니라고 하는 편이 더 바람직하지요. 고니는 겨울에 우리나라를 찾아오는 철새이며, 무엇보다 순백의 새하얀 모습이 우아한 이미지를 갖게 합니다. 그래서 예로부터 음악과 무용, 문학 작품 등의 주요 소재가 되고는 했지요. 우리나라에서는 고니를 천연기념물이자 멸종 위기 야생생물 2급으로 지정해 적극적으로 보호하고 있습니다.

고니는 목이 길고, 검은빛을 띠는 부리가 납작하며, 물갈퀴를 가졌습니다. 고니는 고니, 큰고니, 혹고니, 검은목고니, 흑고니 등으로 구분되지요. 대부분의 고니가 유럽, 아시아, 아메리카 대륙의 북부 지역에 서식합니다. 그 중 일부는 한국, 일본, 중국을 비롯해 유럽의 서부와 중부 지역을 찾아 겨울을 나지요. 주로 호수와 연못, 늪, 만, 하구 주변에서 생활하며 수생식물의 열매와 뿌리, 곡물 등을 즐겨 먹습니다. 작은 물고기와 곤충 같은 동물성 먹이를 먹기도 하고요. 고니의 평균 수명은 10년 안팎입니다. 고니는 한번 짝을 맺으면 평생 함께하는 등 가족 관계가 남다른 동물로도 알려져 있습니다.

39

흰뺨검둥오리

분 포 지
한국, 일본, 중국, 러시아 등

크 기
몸길이 60센티미터 안팎, 몸무게 900그램~1.2킬로그램

먹 이
수생식물, 곡물, 작은 물고기, 곤충, 지렁이 등

　오리과에 속하는 조류로, 보통의 오리보다 몸집이 큽니다. 몸길이 60센티미터 안팎이며, 몸무게 역시 900그램~1.2킬로그램 정도 되지요. 몸 전체에 연한 갈색과 짙은 갈색 깃털이 섞여 있고 다리는 주황빛을 띱니다. 검은색 부리는 끝부분이 노랗고 발에는 물갈퀴가 발달했지요. 겉모습만으로는 암수 구분이 어려운데, 수컷의 일부 깃털 색깔이 더 어둡고 뺨 부분이 조금 밝게 보입니다.

　흰뺨검둥오리는 한국, 일본, 중국, 러시아 등에 분포합니다. 일부는 추운 겨울에 동남아시아로 날아가기도 하지요. 우리나라에서는 사계절 내내 전국 어디에서나 볼 수 있는 흔한 조류입니다. 주로 논, 하천, 습지, 호수, 간척지 등에서 생활하지요. 주요 먹이는 수생식물의 잎, 열매, 부리, 줄기, 씨앗 등입니다. 아울러 물고기와 곤충, 지렁이 등도 잡아먹지요. 물속으로 깊이 잠수해 먹잇감을 찾기보다는 수면 가까이 있는 먹이를 부리로 훑어 먹습니다.

　흰뺨검둥오리는 물가의 풀숲에 둥지를 틀어 한 번에 10~12개의 알을 낳습니다. 알은 3주가 조금 지나면 부화합니다.

40 화식조

분 포 지
오스트레일리아 북동부, 파푸아뉴기니의 열대림

크 기
몸길이 1.2~1.9미터, 몸무게 55~70킬로그램

먹 이
식물의 열매, 버섯, 곤충, 개구리, 뱀, 도마뱀, 쥐, 물고기 등

 화식조는 몸길이 1.2~1.9미터, 몸무게 55~70킬로그램에 달하는 커다란 조류입니다. 타조나 에뮤처럼 빠르게 달릴 수 있지만 날지는 못하지요. 화식조는 목이 길고 푸른색을 띠며 붉은 살덩이가 달려 있습니다. 그 모습이 꼭 불을 먹고 있는 것 같아 화식조라는 이름을 얻게 됐지요. 이 동물은 머리에 투구처럼 생긴 볏을 갖고 있습니다. 이것은 수풀을 헤쳐 나갈 때 두개골을 보호하거나, 영역 다툼을 벌일 때 무기로 사용된다고 합니다.

 화식조의 겉모습에서 빼놓을 수 없는 또 하나의 특징은 날카로운 발톱입니다. 특히 3개의 발가락 중 가운데 발톱은 마치 칼과 같으며 길이가 10~12센티미터나 되지요. 강력한 다리 힘으로 그 발톱을 휘두르면 사람이나 맹수에게도 치명상을 입힐 수 있다고 합니다. 성질도 공격성이 강하다고 알려져 있지요.

 화식조는 오스트레일리아 북동부와 파푸아뉴기니의 열대림에 분포합니다. 다른 곳에서는 거의 찾아볼 수 없습니다. 주요 먹이는 식물의 열매, 버섯, 곤충, 개구리, 뱀, 쥐 등이지요. 현재 화식조는 전 세계에 1만 마리도 남지 않은 멸종 위기 동물입니다.

41 홍학

분 포 지

남유럽, 남아시아, 서아시아, 아프리카, 남아메리카 등

크 기

몸길이 80~140센티미터, 몸무게 2.5~3킬로그램

먹 이

물고기, 개구리, 새우, 곤충, 수생식물 등

영어로는 '플라밍고'라고 합니다. 대형 조류 중 하나로, 특히 다리와 목이 아주 길지요. 그래서 홍학이 무리지어 움직이면 마치 군무를 추는 듯합니다. 실제로 자연에서 수백 마리씩 집단생활을 하기도 해서 아름다운 장관을 연출할 때가 많지요.

홍학은 암수 모두 전체적으로 분홍빛을 띱니다. 연한 분홍색과 진한 분홍색 깃털이 조화롭게 섞여 있지요. 몸집에 어울리게 날개도 크지만 꼬리 깃털은 짧습니다. 날개 끝이 검은 특징도 눈에 띄지요. 특히 부리가 중간 부분에서 아래로 급하게 휘어진 독특한 모양입니다. 부리 역시 끝부분이 검은색이지요. 발에는 물갈퀴가 있어 물에서 생활하기 편리합니다. 보통은 긴 다리로 서서 물속을 오가며 물고기, 개구리, 새우, 곤충 등을 잡아먹습니다.

홍학은 종류에 따라 남유럽, 남아시아, 서아시아, 아프리카, 남아메리카 등에 널리 분포합니다. 물가에 진흙을 쌓아올려 둥지를 만들며, 한 번에 1개의 알을 낳아 28일 정도에 부화하지요. 야생 상태의 홍학은 평균 15~20년쯤 산다고 합니다.

42

저어새

분포지
한반도, 중국, 일본, 홍콩, 대만, 베트남, 필리핀 등

크 기
몸길이 70~85센티미터, 몸무게 1킬로그램 안팎

먹 이
작은 물고기, 개구리, 올챙이, 게, 조개류 등

저어새는 동아시아에만 분포하는 새입니다. 우리나라 서해안에서도 볼 수 있는데, 전 세계에 2천~3천 마리만 남은 희귀한 조류지요. 당연히 우리나라에서는 천연기념물과 멸종 위기 야생생물 1급으로 지정해 보호하고 있습니다.

저어새는 주걱처럼 생긴 부리를 물속에 넣고 좌우로 휘저으면서 먹이를 찾습니다. 그 모습에서 저어새라는 이름이 유래했지요. 주로 얕은 바다나 간척지, 늪, 갈대밭 등에서 살며 먹이 활동을 합니다. 작은 물고기, 개구리, 올챙이, 게, 조개류 등을 즐겨 먹지요.

이 새는 독특한 생김새 때문에 멀리에서도 쉽게 알아볼 수 있습니다. 무엇보다 길고 독특하게 생긴 부리가 한눈에 들어오기 때문이지요. 저어새의 몸길이는 70~85센티미터인데, 부리 길이가 16~20센티미터에 이릅니다. 부리는 자라나면서 점점 검은색을 띠며 끝부분이 넓어지지요. 몇 마리씩 작게 무리를 지어 생활하는 경우가 대부분이고, 여름에 4~6개의 알을 낳아 번식합니다. 성질은 예민하고 경계심이 강한 것으로 알려져 있습니다.

43

따오기

분 포 지
한국, 중국, 일본
크 기
몸길이 75센티미터 안팎, 몸무게 900그램 안팎
먹 이
작은 물고기, 개구리, 우렁이, 조개, 게, 곤충 등

저어새과에 속하는 조류입니다. 지난날 한반도에서는 겨울철에 쉽게 관찰되던 철새로, 동아시아의 습지와 논에 널리 분포했지요. 하지만 지금은 국제적인 멸종 위기 종이 되어 그 모습을 좀처럼 찾아볼 수 없습니다. 우리나라에서도 야생 따오기는 이미 수십 년 전에 완전히 자취를 감추었지요. 그 후 한국을 비롯해 중국과 일본에서 복원 사업이 진행되어, 지금은 전 세계에 1천여 마리의 따오기가 생존해 있다고 합니다.

따오기는 몸길이 75센티미터 안팎에, 살짝 분홍빛이 도는 흰 깃털을 갖고 있습니다. 길이 16~21센티미터에 이르는 검고 가느다란 부리는 아래로 휘어진 모습이지요. 머리 뒤쪽에 벼슬깃이 뚜렷이 보이며, 무엇보다 이마와 눈 주위에 붉은 피부가 드러난 특징이 있습니다. 보통 길이의 다리는 튼튼하고 적갈색을 띠지요.

따오기가 좋아하는 서식지는 낮은 평지의 물가나 습지입니다. 작은 무리를 이루고 살면서 나무 위에 둥지를 짓고, 봄철에 2~3개의 알을 낳지요. 주요 먹이는 물고기, 개구리, 우렁이, 조개, 게, 곤충 등입니다.

44

원앙

분 포 지
한국, 중국, 일본, 러시아 등

크 기
몸길이 41~51센티미터, 몸무게 500그램 안팎

먹 이
작은 물고기, 곤충, 달팽이, 도토리 등

오리과에 속하는 조류입니다. 대한민국을 비롯해 일본, 중국, 러시아 등에 주로 분포하지요. 원래는 철 따라 서식지를 옮겨 다녔는데, 우리나라의 경우 지금은 텃새가 되어 계절에 상관없이 관찰할 수 있습니다. 특히 활엽수가 우거진 계곡의 냇가나 호수, 저수지 등에서 여러 마리가 무리지어 생활하는 것이 목격되지요.

원앙의 암수는 한눈에 구별됩니다. 암컷에 비해 수컷의 외모가 훨씬 화려하기 때문이지요. 그런 차이는 번식기에 뚜렷해지는데, 이때 수컷의 몸은 알록달록한 깃털로 아름답게 장식됩니다. 머리 윗부분의 녹색 깃털과 뒷머리 부분에 길게 늘어진 적갈색 깃털, 오렌지색 수염깃과 옆구리의 노란 깃털, 밝은 주황색의 부채꼴 날개 깃털 등이 어우러져 더없이 화려한 외모를 자랑하지요. 그와 달리 암컷은 몸 전체가 갈색 바탕에 가슴과 옆구리 쪽으로 회색 얼룩이 줄지어 있는 소박한 모습입니다.

원앙은 봄부터 여름 사이에 7~12개의 알을 낳습니다. 새끼는 약 한 달 만에 부화하지요. 주요 먹이는 작은 물고기, 곤충, 달팽이 등이며 도토리 같은 나무 열매도 종종 먹습니다.

45 해오라기

분 포 지
유라시아, 아프리카, 아메리카 대륙 등
크 기
몸길이 56~61센티미터, 몸무게 600그램 안팎
먹 이
물고기, 개구리, 곤충, 뱀, 새우, 가재 등

유라시아, 아프리카, 아메리카 대륙 등 전 세계에 널리 분포하는 조류입니다. 우리나라에는 원래 여름철에 찾아오는 철새였는데, 요즘은 일부 해오라기의 습성이 달라져 계절에 상관없이 관찰되지요. 동아시아의 추운 날씨에 적응해 겨울에도 굳이 남쪽으로 떠나지 않는 텃새가 된 것입니다.

해오라기는 야행성 조류입니다. 낮에는 논이나 하천, 습지 주변의 둥지에서 숨어 지내다가 저녁 어스름이면 밖으로 나와 먹이 활동을 하지요. 물고기, 개구리, 곤충, 뱀, 새우, 가재 등을 주요 먹이로 삼습니다. 번식기는 4~8월이며 한 번에 3~6개의 알을 낳아 21일 정도에 부화하지요. 주로 나무들이 우거진 곳에 둥지를 트는데, 이따금 백로나 왜가리의 집단 서식지에 섞여 번식하는 모습이 발견되기도 합니다.

해오라기는 땅을 걸을 때 목을 움츠리고 걷는 특징이 있습니다. 또한 까마귀와 비슷한 울음소리를 내기도 해 일본에서는 '밤까마귀'라고 불리기도 하지요.

46

푸른이마아마존앵무

분포지
브라질을 중심으로 한 남아메리카 대륙

크 기
몸길이 35센티미터 안팎, 몸무게 150그램 안팎

먹 이
과일과 식물의 씨앗, 곡물

　브라질이 원산지인 앵무새입니다. 이름에서 알 수 있듯 이마가 청색을 띠지요. 그래서 '청머리앵무'라고도 합니다. 몸 색깔은 전체적으로 녹색이며, 양 볼에 노란색 무늬가 뚜렷하지요. 꼬리 깃털에도 노란빛이 섞여 있습니다.

　푸른이마아마존앵무는 몸길이가 35센티미터 안팎입니다. 몸무게는 150그램 정도 되지요. 이 새는 머리가 영리해 사람의 말은 물론, 높낮이가 다른 소리를 곧잘 흉내낸다고 합니다. 그래서 '노래를 잘하는 앵무새'라는 별명을 얻었지요.

　푸른이마아마존앵무는 겉모습으로 암수를 구별하기 어렵습니다. 다만 암컷의 머리가 조금 작다는 차이가 있을 뿐이지요. 이 새는 자연 상태에서 주로 산림 지역에 서식합니다. 무리지어 생활하며 과일과 식물의 씨앗을 즐겨 먹지요. 사육 환경에서는 해바라기 씨, 옥수수, 조, 땅콩, 잣 등을 먹이로 주면 좋습니다. 기후가 따뜻하고 먹이 공급이 충분할 경우, 푸른이마아마존앵무의 평균 수명은 50년 이상 된다고 합니다.

47

왜가리

분 포 지

유라시아 북부 지역과 오세아니아 대륙 등을 제외한 전 세계

크 기

몸길이 90~100센티미터, 몸무게 5~8킬로그램

먹 이

물고기, 개구리, 뱀, 쥐 등

목이 무척 긴 조류입니다. 머리 부분이 희고 몸에도 전체적으로 흰색 털과 회색 털이 어우러져 있지요. 다만 눈에서 뒷머리 방향으로 검은색 댕기 깃이 나 있는 모습입니다. 목에 비해 다리와 부리는 길지 않지요. 몸길이 90~100센티미터, 몸무게는 5~8킬로그램 정도 됩니다.

왜가리는 유라시아 북부 지역과 오세아니아 대륙 등을 제외하고 전 세계에 널리 분포합니다. 우리나라의 경우 옛날에는 여름 철새였으나, 최근 들어 남부 지방을 중심으로 텃새로 변했지요. 주로 논과 습지, 하천, 하구 등에 서식하며 물고기와 개구리, 뱀, 쥐 등을 잡아먹습니다. 크게 무리지어 먹이 활동을 하기보다는 몇 마리씩 소규모로 집단생활을 하지요.

왜가리는 침엽수와 활엽수가 뒤섞인 숲을 번식지로 삼을 때가 많습니다. 높은 나뭇가지에 둥지를 틀고 한배에 3~5개의 알을 낳지요. 새끼는 25~28일 만에 부화합니다. 그 후 50여 일이 지나면 둥지를 떠나 독립된 개체로 살아가지요. 한편 왜가리 서식지는 백로의 서식지와 일치해 번식도 함께 하는 모습이 자주 관찰됩니다.

48

몽크앵무

분포지

파라과이, 볼리비아, 아르헨티나, 브라질 등

크 기

몸길이 28~33센티미터, 몸무게 80~85그램

먹 이

열매, 씨앗, 곤충 등

'퀘이커앵무'라고도 합니다. 남아메리카의 파라과이, 볼리비아, 아르헨티나, 브라질 등에 분포하지요. '몽크'라는 말에는 회색빛 이마가 '수도승의 머리 모양을 닮았다'라는 의미가 담겨 있습니다. 새로운 환경에 대한 적응력이 뛰어나, 지금은 전 세계에서 애완 조류로 인기가 높지요. 일부 국가에서는 자연으로 탈출해 자생하기도 합니다.

몽크앵무의 몸길이는 28~33센티미터입니다. 몸무게는 80~85그램이고요. 암수의 외모가 거의 비슷한데, 수컷이 조금 큽니다. 이 앵무새는 머리 뒤쪽부터 목덜미, 등과 날개, 꼬리 등에 밝은 초록색 깃털이 우세합니다. 그 밖에 이마와 뺨, 가슴, 배는 회색을 띠지요. 가슴 부분에 가로 줄무늬가 겹겹이 있는 것도 개성적인 모습입니다. 또한 부리는 분홍빛이 도는 갈색이며, 다리는 짙은 회색에 가깝지요.

야생의 몽크앵무는 나무가 우거지고 비가 적게 내리는 곳을 좋아합니다. 암컷은 번식기에 4~7개의 알을 낳으며, 약 20일 만에 부화하지요. 식물의 열매와 씨앗, 곤충 등을 주요 먹이로 삼습니다. 평균 수명은 15~20년입니다.

49

찌르레기

분 포 지
한반도, 러시아, 중국, 일본, 타이완, 인도네시아, 미얀마 등
크 기
몸길이 22~25센티미터, 몸무게 80~110그램
먹 이
곡물, 열매, 지렁이, 애벌레, 곤충 등

우리나라를 비롯해 러시아, 중국, 일본, 타이완, 인도네시아, 미얀마 등에서 볼 수 있는 조류입니다. 한반도에는 여름에 찾아오는 철새인데, 요즘은 남부 지방에서 텃새처럼 살아가기도 합니다. 논밭 주변과 야트막한 구릉 등은 물론이고 도시의 공원에도 서식하지요.

찌르레기는 몸길이 22~25센티미터, 몸무게 80~110그램 정도입니다. 털 색깔은 머리와 목, 가슴이 검은 회색이며 배는 하얀색, 부리는 오렌지색을 띠지요. 특히 수컷의 경우 머리와 목, 가슴의 털 색깔이 좀 더 검은색에 가깝습니다. 그 밖에 얼굴과 눈 주위에 하얀 깃털이 나 있고, 부리 끝이 검은 특징이 있지요. 꼬리 깃털이 짧은 것도 눈에 띕니다.

찌르레기는 떼를 지어 다니며 먹이 활동을 합니다. 곡물, 열매 같은 식물성 먹이부터 지렁이, 애벌레, 곤충 등도 잡아먹지요. 찌르레기는 번식기에 스스로 보금자리를 짓기보다 딱따구리가 떠난 둥지나 큰 나무에 생겨난 구멍 등을 이용해 알을 낳습니다. 심지어 다른 찌르레기 둥지에 몰래 알을 낳아놓기도 하지요. 암컷은 한배에 4~9개의 알을 낳으며, 약 10일이면 부화합니다.

50 사랑앵무

분 포 지
오스트레일리아를 비롯한 전 세계
크 기
몸길이 18센티미터 안팎, 몸무게 30~40그램 안팎
먹 이
식물의 씨앗, 곡물 등

애완 조류 가운데 가장 널리 사육되고 있는 앵무새입니다. 오스트레일리아가 원산지이며, '녹색앵무'라고도 하지요. 몸길이 18센티미터 남짓에 몸무게가 30~40그램밖에 되지 않아 실내에서 사육하기 좋습니다. 몸 전체에 노란색과 녹색, 검은색이 어우러진 아름다운 깃털을 갖고 있지요.

사랑앵무의 암수는 콧구멍 주위의 피부를 가리키는 납막의 색깔로 구분합니다. 수컷의 경우 그 부분이 푸른색이나 자주색이고, 암컷은 갈색이나 연한 베이지색을 띠지요. 원래 야생의 사랑앵무는 나무와 풀이 우거진 지역에서 서식했습니다. 하지만 습한 곳보다는 건조한 곳을 선호했지요. 나무 위에 둥지를 짓고 4~7개의 알을 낳아 번식했습니다. 새끼는 18일 만에 부화하고, 평균 수명은 10~15년 정도 되지요. 사랑앵무의 주요 먹이는 식물의 씨앗과 곡물 등입니다.

사랑앵무는 유럽에서 애완 조류로 개량된 다음 전 세계로 퍼져 나갔습니다. 여러 마리를 함께 키우는 것이 가능하고, 사람과 쉽게 친숙해지는 성질을 가져 크게 사랑받고 있지요.